Erstlesebuch

von

Wilfried Metze

illustriert von Petra Probst
und Silke Voigt

Tobi

Name

Lies genau!
Lernbegleiter zum Erstlesebuch

Cornelsen

Wie ihr mit dem Tobi-Buch arbeiten könnt:

1. schauen – sprechen

2. leise lesen

3. vorlesen

4. sprechen – fragen

5. Aufgaben lösen – vergleichen

6. überlegen – sprechen

1 Ela malt

Melonen. ○
Namen.
Lampen. ○

2 Im Plan:

lila Limo ○
lila Opa ○
lila Linien ○

3  alle Tobi-Namen an:

Ela ○   Alo ○   Lea ○
Lale ○   Leo ○   Nina ○

Suche dir immer
ein anderes Kind zum
Vergleichen!

Ich habe verglichen mit: _____

1 Alo malt

mit Limo. ○
mit Tinte. ○
mit Tee. ○

2 Alo soll

alle Namen lesen. ○
alte Nasen malen. ○
alle Tassen malen. ○

3 Im Plan ist

Tante Ina. ○
Leos Nest. ○
Simon. ○
Opa mit Leo. ○

  Ich habe verglichen mit: _____

2

1   Was ist im Tal?

See ◯
Palme ◯
Wal ◯

2   So ist es toll:

im Sessel ins Tal ◯
im Sattel ins Tal ◯
mit Esel ins Tal ◯

3   Was wollen die Tobis?

Ela will ins Tal rennen. ◯
Opa will Wespen essen. ◯
Mama will Alos Plan lesen. ◯
Alo will etwas im Plan lesen. ◯

  Ich habe verglichen mit: _____

Zu dem Bild kannst du Wörter oder Sätze schreiben. Oder du schreibst sogar eine Geschichte.

4

1 Ela

weint. ◯

malt. ◯

rollt. ◯

2 Ela rast

in einen See. ◯

ins weite Meer. ◯

in eine Tanne. ◯

3 Womit rast Ela weiter ins Tal?

mit einem tollen Roller ◯

mit einer alten Tanne ◯

mit einer roten Tonne ◯

mit einer lila Leiter ◯

Ich habe verglichen mit: _____

1 Was hat Ela in der Hand?
Male es.

2 Wohin rennt Ela?

in den Wald ○
in ein weites Tal ○
in ein Hotel ○

3 Was will der Hase?

Er will Elas Wolle. ○
Er will Ela warnen. ○
Er will mit Ela wandern. ○
Er will Elas Hose holen. ○

Ich habe verglichen mit: _____

1 Wen fesselt Ela ?

den Affen   ○
den Wolf   ○
den Hasen   ○

2 Was flattert tief im Wald ?

Es ist eine Meise.   ○
Es ist ein Tier oder eine Elfe.   ○
Es ist ein fetter Elefant.   ○

3 Wieso fesselt Ela den Wolf ?

weil der Wolf das toll findet   ○
weil er sonst den Hasen frisst   ○
weil der Wolf fies ist   ○
weil der Wolf helfen will   ○

  Ich habe verglichen mit: _____

1 Was macht Ela mit Mama?

Sie lesen. ◯

Sie rechnen. ◯

Sie helfen. ◯

2 Was ist mit Ela los?

Sie ist in einem tiefen Loch. ◯

Sie redet mit einem Drachen. ◯

Die Tannen halten sie fest. ◯

3 Welche Idee hat der Hase?

Er will Hilfe holen. ◯

Er will acht Wichtel holen. ◯

Er will den Wolf holen. ◯

Er will sich beeilen. ◯

Ich habe verglichen mit: _____

ab **Ch ch**

4

9

ab -h

1 Wer befreit Ela?

ein Uhu ◯

ein Esel ◯

ein Biber ◯

2 Wen ruft Ela?

Ela ruft die Tobis. ◯

Ela ruft die Elfen. ◯

Ela ruft ein Huhn. ◯

3 Was will der Uhu?

Er will in Elas Ohr pusten. ◯

Er will lieber allein sein. ◯

Er will Elas Tuch haben. ◯

Er will seine Ruhe haben. ◯

Ich habe verglichen mit: _____

10

1 Wer ist bei Alo?

die Maus ○
der Elch ○
die Raupe ○

2 Was macht Papa?

Er kocht Tee. ○
Er kocht Suppe. ○
Er kocht Kaffee. ○

3 Warum fasst Opa an Mamas Nase?

Er will ihre Nase haben. ○
Er meint, es sei eine Erdbeere. ○
Er meint, es sei eine Himbeere. ○
Er ist ohne Brille fast blind. ○

 Ich habe verglichen mit: _____

1 Was macht Mama?

Sie liest im Boot. ◯

Sie liest im Wald. ◯

Sie pfeift ein Lied. ◯

2 Was will Papa mit dem Schirm?

Er will einen Pfau fischen. ◯

Er will Muscheln fischen. ◯

Er will Riesenfische fischen. ◯

3 Was machen die Tiere hier?

Eine Maus rettet Mamas Schal. ◯

Ein Pferd schimpft laut. ◯

Ein Frosch ist auf Opas Kopf. ◯

Eine Maus fischt Fische. ◯

 Ich habe verglichen mit: _____

1 Wer warnt Mama?

eine Gans ◯

ein Onkel ◯

Alo ◯

2 Was passiert am Wasserfall?

Mama rettet ihr Buch. ◯

Sie lenkt das Boot ans Ufer. ◯

Mama will dort duschen. ◯

3 Weshalb sind die Tobis so aufgeregt?

weil ein Gewitter droht ◯

weil das Boot
an den Wasserfall herantreibt ◯

weil Mama nicht blinkt ◯

weil Mama nicht aufpasst ◯

  Ich habe verglichen mit: _____

1 Wo wartet Oma?

im Wasser ◯

am Ufer ◯

am Zaun ◯

2 Welcher Fisch zappelt in Mamas Schal?

ein fetter Hecht ◯

eine dicke Forelle ◯

ein kleiner Aal ◯

3 Weshalb machen sich die Tobis Sorgen?

Sie wissen nicht, was sie
mit dem Hecht machen sollen. ◯

Ela ist immer noch nicht da. ◯

Es naht ein Gewitter. ◯

Ich habe verglichen mit: _____

1 Welches Tier steht hinter einem Stamm?

ein Storch ◯

eine Schlange ◯

ein Reh ◯

2 Was entdeckt Alo?

einen grauen Ring ◯

einen winzigen Stier ◯

einen seltsamen Stamm ◯

3 Was macht Opa mit dem Hecht?

Er isst ihn auf. ◯

Er packt ihn in einen Sack. ◯

Er gibt ihm einen Troll. ◯

Er buddelt ihn ein. ◯

Ich habe verglichen mit: _____

16

1 Was sehen die Tobis?

ein Feuer ◯

eine Katze ◯

einen Geist ◯

2 Was macht der Geist?

Er kommt auf die Tobis zu. ◯

Er flitzt sofort weg. ◯

Er heult schrecklich laut. ◯

3 Wie reagieren die Tobis?

Sie freuen sich riesig. ◯

Sie haben Angst. ◯

Sie laufen schnell weg. ◯

Sie erschrecken sich. ◯

Ich habe verglichen mit: _____

1 Welches Licht erhellt den Wald?

das Licht der Sonne ◯

das Licht der Kerzen ◯

das Licht der Blitze ◯

2 Was hören die Tobis?

Sie hören den Geist sprechen. ◯

Sie hören die Polter-Trolle. ◯

Sie hören eine heulende Eule. ◯

3 Was geschieht, als der Geist seinen Mantel öffnet?

Die Tobis bewegen sich nicht. ◯

Die Tobis springen hoch. ◯

Die Tobis ducken sich hinter einen Busch. ◯

Die Tobis schreien laut auf. ◯

 Ich habe verglichen mit: _____

1 Wie fühlen sich die Tobis?

Sie sind froh. ◯

Sie sind traurig. ◯

Sie sind sauer. ◯

2 Wer war der Geist?

Es war ein fürchterlicher Riese. ◯

Es war ein uraltes Gespenst. ◯

Es waren Ela, Ole und Leo. ◯

3 Weshalb will Opa wieder zurück zum See?

Er möchte, mit den anderen
baden gehen. ◯

Er fürchtet, dass das Gewitter
zurückkommt. ◯

Er will sehen, ob der Hecht noch da ist. ◯

Er hofft, dass keiner den Hecht
gestohlen hat. ◯

Ich habe verglichen mit: _____

1 Was tun die Tobis hier?

Sie sitzen am Feuer. ○

Sie singen Lieder. ○

Sie ärgern den Bären. ○

2 Was macht Ela am Feuer?

Sie löst ein schweres Rätsel. ○

Ela lästert über den Bären. ○

Sie erzählt ihre Abenteuer. ○

3 Eine Gefahr lauert. Was passiert?

Ein riesiger Bär nähert sich. ○

Der Fisch will sich retten. ○

Der Hase zeigt ängstlich auf den Bären. ○

Die Tobis sollen Acht geben. ○

Ich habe verglichen mit: _____

1 Wer läuft hinter dem Bären her?

der Maulwurf ○

die Mäuse ○

der Hund Ole ○

2 Wann merken die Tobis,
dass der Hecht nicht mehr da ist?

als der Bär laut brummt ○

als der Bär die Glocke läutet ○

als Papa den Hecht braten will ○

3 Was machen die Tobis am Abend?

Sie essen Brot mit Kräuterbutter. ○

Sie essen eine leckere Pilzsuppe. ○

Sie schlafen zufrieden ein. ○

Sie feiern ein riesiges Fest. ○

Ich habe verglichen mit: _____

22

1 Welches Tier ist auf dem Bild?

ein Vogel ◯

eine Qualle ◯

eine Spinne ◯

2 Wie macht Opa Musik?

Opa spielt Violine. ◯

Opa pfeift Tobi-Verse. ◯

Opa spielt Gitarre und singt. ◯

3 Das passiert morgens in der Tobi-Heimat:

Im Schilf quaken die Frösche laut. ◯

Die Quallen machen Weitsprung. ◯

Es wird hell und Nebel steigt auf. ◯

Feen und Elfen zeigen sich
in der Dämmerung. ◯

  Ich habe verglichen mit: _____

1 Wie wollen die Tobis über den See kommen?

mit Mamas Boot ◯

mit bloßen Füßen ◯

mit einem großen Floß ◯

2 Wohin wollen die Tobis mit dem Floß?

Sie wollen zum Wasserfall. ◯

Sie wollen zum Fest der Kobolde. ◯

Sie wollen zum Fußball-Spiel. ◯

3 Was machen die Tiere hier?

Der Maulwurf packt seine Sachen
und geht weg. ◯

Der Igel rutscht auf dem Baumstamm. ◯

Die Mäuse kochen heiße Suppe. ◯

Die Biber helfen und fällen Bäume. ◯

  Ich habe verglichen mit: _____

4

1 Was holt Mama?

Sie holt ein Taxi. ○

Sie holt Popcorn. ○

Sie holt den Koffer. ○

2 Wo entdeckt Alo die Kiste?

Die Kiste steht neben dem Boot. ○

Er findet sie hinter einem Busch. ○

Sie steht neben einer Cola-Flasche. ○

3 Was ist in der Kiste von Hexe Coco?

Parfüms ○   eine Kette ○

ein Mixer ○   eine Bürste ○

Comics ○   Cremes ○

Bücher ○   ein Computer ○

Ich habe verglichen mit: _____

1 Was holt Oma aus der Kiste?

eine Dose mit Creme ◯

eine Flasche mit Parfüm ◯

eine Kette mit Perlen ◯

2 Was machen die Tobis?

Sie bringen die Kiste auf das Floß. ◯

Sie packen Cocos Sachen zurück
in die Kiste. ◯

Sie basteln ein Segel aus Cocos Hose. ◯

3 Warum beeilen sich die Tobis so?

Ein schwerer Sturm zieht auf. ◯

Sie hören laute Stimmen. ◯

Alle Tobis wurden verhext. ◯

Es kommen Poltertrolle. ◯

Ich habe verglichen mit: _____

1 Wer steuert das Boot?

die Tobi-Mama ◯

das Tobi-Mädchen ◯

der Tobi-Junge ◯

2 Worauf freut sich Ela besonders?

Ela freut sich auf das Essen. ◯

Sie freut sich auf Ylva und ihr Pony. ◯

Ela freut sich auf die Girlanden. ◯

3 Was erleben die Tobis auf dem Fest?

Sie freuen sich mit ihren Freunden. ◯

Sie machen alle Yoga. ◯

Sie tanzen um das Feuer. ◯

Sie spielen Musik auf Instrumenten. ◯

Ich habe verglichen mit: _____

4 Wie gefällt dir das Tobi-Buch? Schreibe:

Mein liebster Tobi ist _____ ,

weil _____

_____ .

Besonders spannend finde ich die Seite _____ ,

weil _____

_____ .

Besonders lustig finde ich die Seite _____ ,

weil _____

_____ .

Dieses Heft ist eine Beilage zum Tobi-Erstlesebuch (ISBN 978-3-46-480627-2)
und unter der ISBN 978-3-46-481191-7 nachbestellbar (10 Stück im Paket).

Mit Illustrationen von Sabine Metz (Lesekonferenz und Lupe), Petra Probst (Umschlag) und Silke Voigt (Tobi-Welt).
Erarbeitet von Wilfried Metze und der Redaktion Grundschule

www.cornelsen.de
1. Auflage, 2. Druck 2023
© 2023 Cornelsen Verlag GmbH, Berlin.

3

L l

Ooo !

Elo

Leo

Ole

E e

5

Male!

Mama

M m

Wir kommen. Mama

8

Papa

Opa

Oma

P p

Alle malen Namen.

Malen alle ?

Na ?

N n

10

Alle planen.
Iiii, lila Linien im Plan!

Ela malt Tante Ina.
Alo malt Enten.
Malt Alo
mit lila Tinte?

Tolle Limo!

T t

12

Mama malt Namen
in Alos Plan.

Soll Alo alle Namen
lesen?

Tante Ina

An Tante Ina
im Ost-Tal

Enten-Insel

Tannen-See

Simon

Ost-Tal

Leo, nimm
Mamas Post
mit!

13

S s

So ist es toll:
Im Sattel ins Tal.
Alle wollen mit.
Was ist mit Ela los?

Plant Ela etwas?
Was will Ela?

Total
plemplem!

Los, Ela!

W w

15

Ela rollt mit Tempo ins Tal.
Rollt Ela etwa
ins Wasser?

Wer warnt Ela?

O nein!

Ela rast in eine Tanne.

Ela reitet ins Tal.

Eine tolle Reise!

Alarm!

Meine Tanne!

Ei ei

17

Das war prima!
Elas Reise mit der Tanne
ist am Ende.

Ela ist allein.
Wo sind alle anderen?
Wird Ela warten?

Was ist denn
da los?

D d

He, he,
wer ist denn
das ?

Halt !
Warte !
Da hinten
ist ein ...

Ela rennt weiter.
Wer wartet dort
hinten im Wald ?

Ein Hase hoppelt
hinter Ela her.
Er will Ela warnen.

H h

Der Wolf will den armen Hasen fressen!
Ela fesselt den Wolf mit der Wolle.
Der Hase hilft Ela.

Der Faden ist fest.
So rettet Ela
den Hasen.

Meine Heldin!

Armer Wolf!

F f

Hier sind
alle fies!

Tief im Wald
flattert etwas.
Ist das ein Tier?
Oder ist das eine Elfe?

Wieso ist es so hell
dort hinten im Wald?
Ela will es wissen.
Sie rennt hin.

Fort mit
dir, Wolf!

21

ie

Wiese

Ela will einmal
eine echte Elfe sehen.
Doch die alten Tannen
halten Ela fest.
So ein Pech!

Ach,
arme Ela!

Ich hole
Hilfe!

Doch der Hase
hat eine Idee.

ch Milch Dach

22

Elfen sind toll.
Leider findet man sie
nicht so leicht.
Sie lassen niemanden
dicht an sich heran.

Was machen
Elfen im Wald?

Elfen

Ich bin
der beste Biber,
oder ?

Fabelhaft !

Der Hase holt einen Biber,
der im nahen Bach lebt.
Der Biber hilft Ela.
Ela ist bald frei.

Das war echt nett,
lieber Biber !
Endlich ist Elas Bein
wieder frei.

B b

24

Eine Unruhe
ist das!

Wo ist Elas
Bruder?

Ela sucht die Tobis.
Sie ruft nach ihnen.
Da sieht Ela den Raben
und ihren Hund.

Der alte Uhu will
nur seine Ruhe.

Wuff!

U u -h

Hahn

25

Alo und die anderen Tobis
sind an einem See.
Dort warten sie.
Leo und Ole sind nicht da.
Sie suchen Ela.

Papa kocht Kaffee.
Opa sammelt Beeren.

Das ist Mamas Nase
und keine Himbeere!
Wo hat Opa nur wieder
seine Brille?

Das kann
nicht dein Ernst
sein, Opa!

K k

Was macht Papa denn da?
Und was holt Opa
aus dem braunen Korb?
Au weia, wenn das die Oma sieht!
Alo arbeitet ohne Pause.

Mama liest lieber im Boot.
Auf dem See hat sie
ihre Ruhe.

Was ist das?

Au au

Was will Papa nur
mit dem Schirm?
Er will damit wohl
einen Riesenfisch
aus dem Wasser holen.

Sehr schlau!

Aha!
Alle wollen fischen.
Aber was will
der Frosch auf Opa?

Mmm,
nicht schlecht!

Was hat Alo denn da?
Ist das eine Muschel? Nein.
Aber das ist auch kein Fisch.

Sch sch

Das findet Mama super:
allein im Boot lesen.

Ich rette
deinen Schal!

Seepferdchen

Das Boot schaukelt sanft hin und her.
Pfui, Mamas Schal wird nass!
Aber Mama hat anderes im Kopf.

Was hat die Maus in den Pfoten?
Leider ist nur eine alte Pfanne
am Haken!

Pf pf

Oh nein, ein Wasserfall!
Mamas Boot treibt genau dort hin.
Es wird immer schneller.
Geht das gut aus?

Gleich geht es weit hinunter.
Alo schreit: *Pass auf, Mama!*
Der Wasserfall!

Ich mag gar
nicht hinsehen!

G g

Schnell
weg!

Mama schaut auf.
Wieso winkt Alo?
Da erkennt Mama die Gefahr.
Schnell nimmt sie die Ruder
und legt los.
Mama lenkt das Boot
an das Ufer.
Geschafft!

Puh, Mama war flink!
Nur das Buch
mit der Grusel-Geschichte
sinkt ins Wasser.

nk
Bank

Mamas Schal ist auf einmal so schwer.
Alle helfen mit und ziehen.
Zappelt da etwa ein fetter Hecht?
Wozu so ein Schal gut sein kann!

Oma hat wieder ein paar Pilze gefunden.
Die Mahlzeit am Abend ist gerettet.

Z z

Es wird dunkel.

Das sind aber dicke Wolken!

In der Ferne zucken Lichter.

Die Tobis machen sich Sorgen um Ela.

Wo bleibt sie nur?

Opa blickt zum Himmel.
Er sagt: *Wir wollen Ela suchen.*
Es gibt ein Gewitter.

Ruckzuck weg!

ck

Sack

33

Seit wann werden Fische begraben?

Bisher grabe nur ich!

Die Tobis haben
einen tollen Hecht gefangen!
Opa hat Angst,
dass ein wildes Tier ihn frisst.
Deshalb packt er
den Hecht in einen Sack.
Dann buddelt er ihn ein.

Es hat angefangen
zu regnen.
Nun aber schnell los!

ng
Ring

Es ist finster im Wald.
Wo Ela nur steckt?
Alo entdeckt
einen seltsamen Stamm.
Er sieht zerbissen aus.
Papa stottert: *Das war bestimmt*
ein Po... Po... Polter-Troll!
Polter-Trolle sind
schreckliche Riesen.

Oma schaut sich um.
Steht da nicht ein Troll?
Nein, es ist nur
ein Baum.

Stress!

St st

Keine Panik, Leute!

Eu eu

Ein helles Licht leuchtet auf.
Der Sturm heult. Es donnert.
Die Tobis erschrecken.
Steht dort etwa ein Riese?

Eine Eule fliegt auf.
Aus der Dunkelheit
kommen Stimmen.

36

Ich flitze!

Wieder blitzt es.
Im hellen Licht der Blitze
sehen die Tobis einen Geist!
Der Geist bewegt sich.
Er kommt langsam
auf sie zu.

Das finden die Tobis
nicht witzig.
Sie sind ohne Schutz.
Was sollen sie nur tun?

37

tz
Katze

Die spinnen,
die Tobis ...

Hilfe, hier spukt es!
Die Tobis lieben zwar
Spannung und Abenteuer,
aber doch keine Gespenster!

Gespenster machen den Tobis Angst.
Alle ducken sich hinter einen Busch.

Sp sp

Blöder
Regen ...

Könnt ihr
etwas sehen ?

Plötzlich sind wieder
Stimmen zu hören.
Sie klingen aber gar nicht
nach einem bösen Geist.
Papa schaut durch eine Öffnung
im Schirm.

Der Geist öffnet seinen Mantel.
Da springen die Tobis hoch !

ÖL

Ö ö

Alo lacht laut los.
Er rennt auf den Geist zu
und zieht ihm das Tuch
herunter.
Jetzt sieht es auch Papa.
Das ist ja gar kein Geist!
Das sind Ela, Ole und Leo!

Hat jemand
Geburtstag?

Die Tobis jubeln.
Endlich haben sie
Ela gefunden!
Jeder will sie umarmen.

Juhu!

J j

Die Tobis sind glücklich.
Übermütig hüpfen sie
um Ela herum.

Was für
ein Glück!

Nun aber schnell
zurück zum See!
Opa fürchtet, dass sonst
der Hecht gestohlen wird.

Über den Tannen wird es
schon wieder hell.
Der Donner wird leiser.

Ü ü

Tür

Schüssel

Es regnet nicht mehr.
Mama zündet ein Feuer an.
Die Tobis hängen
die nassen Sachen auf.

Oh je, das gibt Ärger ...

Am Feuer
erzählt Ela ihre Abenteuer.
Alle lauschen gespannt.
Keiner bemerkt
die drohende Gefahr.

Ä ä

Käse

Ein riesiger Bär
nähert sich dem Feuer.
Ängstlich zeigt der Hase
auf den Bären.
Gebt Acht, ihr Tobis,
sonst ist es um euch
geschehen!

43

Ela hat Hunger.

Ihr Magen knurrt.

Papa will den Hecht braten.

Erst jetzt entdecken

die Tobis den Dieb.

Da läuft der Räuber!

Er hat sich Mamas Hecht geholt.

Und die Tobis haben

nichts bemerkt.

Äu äu

Häuser

44

Zum Glück gibt es
noch Omas Pilze.
Opa kocht daraus
eine leckere Suppe.

Der aufregende Tag geht zu Ende.
Die Tobis werden müde.
Sie kuscheln sich aneinander
und schlafen zufrieden ein.

Gemeiner
Räuber!

45

Die Frösche quaken laut im Schilf.
Opa wird wach.
Die kurze Sommernacht
ist bald zu Ende.
Es wird schon langsam hell.
Nebel steigt auf. Wie wunderschön
ist doch die Heimat der Tobis!

Opa nimmt seine Gitarre
aus dem Rucksack.
Leise singt er ein Lied:

Dort, wo die Nebel
aus dem Wasser steigen,
wo in der Dämmerung
sich Feen und Elfen zeigen,
wo klares Wasser
aus den Quellen springt,
der Tobi - Opa zur Gitarre singt.

Quak,
quak!

Qu qu

Viele, viele weitere Verse
singt der alte Tobi.
Einer nach dem anderen
wird wach.

Verdammt
gut!

Voll
schön!

Vom Ufer fliegt ein kleiner Vogel auf.
Ela, wach auf,
sonst verschläfst du noch das Fest!

V v

Schnell ist alles gepackt.
Die Reise zum großen Fest
der Kobolde kann weitergehen.

Doch wie sollen sie bloß
über den See kommen?
Das Boot ist viel zu klein für alle.
Alo hat eine Idee:
Wir bauen ein Floß!

ß Fuß

Alle arbeiten fleißig.
Zum Glück leben im See Biber.
Sie können helfen.
Mama und Oma binden
die großen Stämme zusammen.

Nach ein paar Stunden liegt
das Floß fertig am Ufer.
Opa jubelt: *Das ging ja fix!*

Papa sieht sich um: *Wo ist die Axt?*
Alo sucht sie. Hinter einem Busch
entdeckt er eine Kiste.

Im Deckel steht etwas.

Ist die Axt
in der Kiste?

Das ist meine Kiste!
Jeder Dieb wird verhext!
Viele Grüße
eure Hexe

Coco

X x

Hexe

50

Verflixt, die Kiste
gehört der Hexe Coco.
In der Kiste sind
Dosen mit Cremes,
Flaschen mit Parfüms,
Kleider für Hexen
und viele Bücher.

Ela kommt angelaufen.
Sie ruft: *Cool!*

Ela liebt Comics.
Alo mag das Buch mit dem
Hexen-Einmaleins.

Duftet
Coco so?

C c

Opa träumt von einer neuen Hose.
Alo findet den Hexenhut cool.
Aber dürfen die Tobis
einfach in der Kiste wühlen?

Mama würde am liebsten
alle Bücher mitnehmen.
Aber sie sieht ein,
dass Papa recht hat:
*Das sind Cocos Sachen.
Wir klauen nichts!*

Cool, Alo!

Die Tobis packen alles wieder
zurück in die Kiste.
Ihre eigenen Sachen bringen sie
auf das Floß.
Alo hat auch die Axt gefunden.
Nun kann es losgehen.

Das Floß entfernt sich vom Ufer.
Da hören die Tobis laute Stimmen
aus dem Wald. Schnell weg!
Die Poltertrolle kommen.

53

Die Reise geht quer über den See
und dann den Fluss hinunter.
Alo steuert das Floß.
Die Tobis fahren zum Fest.
Dort treffen sie alle Freunde wieder.
Ela freut sich besonders auf Ylva.
Sie bringt sicher ihr Pony mit.
Alo träumt von dem leckeren Essen.
Opa hat sich schon fein gemacht.
Er trägt seinen Zylinder.

Bald verschwindet das Floß
in der Ferne.
Auf Wiedersehen, ihr Tobis.
Lebt wohl!

Hey, wartet!

Y y Yak
Baby

Pyramide

54

In der Schule

August

Die Tobis bei der Ernte

Zum
Vorlesen

Es ist Herbst.
Alle helfen bei der Ernte.

Papa steht auf einer Leiter.
Er pflückt Äpfel.
Aber wo ist Alo?

Opa stöhnt:
„Die sitzen aber fest in der Erde!"
Wen er damit wohl meint?

Oma schleppt Pilze.
Zum Glück hilft ihr jemand.

Nur einer schläft. Wer ist es?

Wörter des Monats

der **Herbst**   der **Apfel**   der **Baum**

Finde noch
ein Wort.

September

Wörter des Monats

das Feuer   der Kürbis   die Kastanie

Finde noch
ein Wort.

Oktober

Am Lagerfeuer

Zum
Vorlesen

Im Oktober ist es
abends schon kühl.
Die Tobis wärmen sich am Feuer.

Sie haben Kürbisse ausgehöhlt.
Weshalb leuchten sie so gruselig?

Ela grillt Stockbrot über dem Feuer.
Sie braucht viel Geduld.
Dann ist das Stockbrot fertig.

Kann man Kastanien auch grillen
und essen?

Oma überlegt: „*Was mache ich
nur mit meinen Pilzen?*"

Der Maulwurf eilt herbei.
Was hat er vor?

61

Wörter des Monats

der Regen   das Bett   das Buch

lesen   krank

Finde noch
mehr Wörter.

November

In der warmen Höhle

Zum
Vorlesen

Die Tobis sind in ihrer Höhle.

Draußen stürmt und regnet es.
Typisch November!

Gut, dass Papa Socken strickt.
Für wen die wohl sind?

Die Tobis trinken warmen Tee.
Das tut gut!

Es duftet überall nach Pilzen.
Woher kommt das nur?

Alo und Oma spielen ein Spiel.
Aber warum spielt Ela nicht mit?

Was für eine Geschichte Mama
wohl aus dem Buch vorliest?

Dezember

Der Besuch

Zum
Vorlesen

Opa begrüßt freudig
den Weihnachtsmann.
Womit kommt er angefahren?

Ole wedelt mit dem Schwanz.
Er freut sich über den Besuch.
Was er sich wohl vom Weihnachtsmann
gewünscht hat?

Die Rentiere sind hungrig.
Wer frisst denn da das Stroh?

Die Tannen sind mit Schnee bedeckt.
Sie glitzern im Mondschein.
Wirklich alle?

Finde
einen Satz
zum Bild.

Wörter des Monats

das Weihnachten   das Paket   der Schlitten

wünschen   froh

Wörter des Monats

der Winter   das Wetter   der Schnee

werfen   kalt

Januar

Im Winter

Es ist Winter.
Das findet Ela toll.

1 – 2 – 3,
wohin will Ela werfen?

Alo rast los. So ein Tempo!

Wer hoppelt da im Wald?

Einer hat einen Ast im Arm.
Er weint:
Wo ist meine Nase?

Finde
einen Satz
zum Bild.

Wörter des Monats

das Fest   die Musik   die Hexe

zaubern   laut

Februar

Ein Fest

ab
Au au

Die Tobis feiern.
Die Musik ist laut.

Simsalabim!
Was hat Alo
unter dem Tuch?

Wer hat einen Besen
in der Hand?

Auch Mama ist da.
Und wo ist Ole?

Finde auch
einen Zauberspruch.

Glanz im Haus

Die Tobis putzen ihr Zuhause.
Alles soll ganz sauber werden.
Auch Ole wird gewaschen.

Sieben Tiere sind zu sehen.
Welche Tiere findest du?

Drinnen will Oma Tee kochen.
Was sie wohl sucht?

Wörter des Monats

der Frühling   die Biene   die Blume

waschen   sauber

Finde
einen Satz
zum Bild.

März

Frohe Ostern

ab
St st

Ela und Alo lieben Ostern.
Sie haben Eier bunt bemalt.
Hoppla, was steckt denn da
in Alos Ei?

Finde einen Satz
für Alos Zettel.

Und wer hat wohl
ein Buch bekommen?

Findest du alle Hasen?

Wörter des Monats

das Ostern   der Hase   das Ei   der Korb

suchen   finden   bunt

April

Wörter des Monats

das **Bild**   der **Brief**   die **Mutter**   das **Geschenk**

schenken   **schreiben**   **schön**

Mai

Alle machen Geschenke

ab
Eu eu

Ela freut sich
auf ihr neues Bild.
Sie will es Papa schenken.

Was hat Ela gemalt?
Malst du auch gerne?

Alo ist stolz auf seinen Brief.
Wer soll den Brief bekommen?

Papas Geschenk ist schon fertig.
Was ist es?

Finde einen Satz
für Alos Brief.

Wörter des Monats

der Sommer   die Erdbeere   der Topf   das Glas

kochen   schmecken   lecker

Juni

Marmelade bei den Tobis

ab
Ä ä

Papa kocht Erdbeeren
in einem Topf.
Das wird leckere Marmelade.

Und wer bringt Papa Nachschub?
Aber was überlegt Papa?

Oma füllt die Marmelade
in Gläser. Omas Zöpfe
sehen aus wie Erdbeeren!

Nanu, was macht
der seltsame Mann denn da?

Finde noch
eine Frage
zum Bild.

Wörter des Monats

der See der Vogel die Ente der Frosch

schwimmen fliegen warm

Juli

Leben am See

ab
V v

Im Sommer fliegen Libellen
über das Wasser.

Viele Tiere haben Junge.
Welche findest du?

Ein Tier passt auf,
weil es nicht schwimmen kann.
Welches Tier ist es?

Und wen entdecken
Ela und Alo?
Weshalb sind sie leise?

Finde einen Reim
auf das Wort *See*.

Differenzieren mit *Tobi*

Die **Basistexte in Silbenschrift** sollten von allen Kindern gelesen werden –
sie sind für das Verständnis der Tobi-Geschichte erforderlich und enthalten
nur eingeführte Buchstaben.

Die **schwarzen Differenzierungstexte** (Erweiterungs- und Sprechblasentexte) innerhalb
der Tobi-Geschichte sind für deren Verständnis nicht erforderlich.
Sie können, müssen aber nicht von allen Kindern gelesen werden.
Sie enthalten ebenfalls nur eingeführte Buchstaben.

Graue Texte im Anhang (Monatsgeschichten, Seiten 56–65)
enthalten noch nicht eingeführte Buchstaben und sollten
daher von der Lehrerin oder dem Lehrer oder
fortgeschrittenen Kindern vorgelesen werden.

Zum
Vorlesen

Die **Monatsgeschichten** (S. 56–79) enthalten viele Möglichkeiten der Differenzierung:
Lesetexte für fortgeschrittene Leserinnen und Leser, Aufgabenstellungen mit
unterschiedlichem Anforderungsniveau und Wörter des Monats zum Abschreiben,
Ergänzen oder freien Schreiben.

Aufgaben zum **Erstlesebuch** im beigelegten Lernbegleiter *Lies genau!*
weisen unterschiedliche Anforderungen aus:

Basisaufgabe (Niveau 1)

Basisaufgabe (Niveau 2)

Erweiterungsaufgabe (Niveau 3)

Diese Aufgabe kann auf unterschiedlichem Niveau bearbeitet werden.